Papá en el espacio

por Stacey Sparks
ilustrado por Mike Reed

Scott Foresman

Oficinas editoriales: Glenview, Illinois • New York, New York
Ventas: Reading, Massachusetts • Duluth, Georgia
Glenview, Illinois • Carrollton, Texas • Menlo Park, California

Shana:

¿Recuerdas la noche antes de mi viaje al espacio? Me preguntaste cómo sería ser astronauta y viajar en una nave espacial. Yo te dije que cuando regresara, escribiría un libro para mostrártelo.

Pues aquí está.

Te quiere,

Papá

Aquí estoy, preparado para el despegue.
La tripulación viaja en la parte delantera.
La carga (todo lo que llevamos) va
en la parte trasera.

Viajamos sobre dos cohetes. Los cohetes
son los que nos lanzan al espacio.

Oí un fuerte sonido y supe que se había iniciado el lanzamiento.

La nave espacial empezó a vibrar. El corazón me empezó a latir fuertemente.

¡Estábamos despegando!

Tú sabes lo que es la gravedad, Shana. Es la fuerza que nos atrae hacia la Tierra. La nave espacial se empuja en dirección contraria a la gravedad, tratando de elevarse hacia el espacio. La gravedad la atrae hacia la Tierra.

Parecía como si una enorme mano me estuviera presionando sobre mi asiento. La nave vibró y tembló como una lata llena de piedras.

Dos minutos después del despegue, los
cohetes ya habían usado todo el combustible.
Ya no los necesitábamos y cayeron al mar.
Tuvimos un viaje muy tranquilo y silencioso.

Justo doce minutos después del despegue,
estábamos en órbita alrededor de la Tierra.
¡Y yo no pesaba nada!

No tener peso es divertido. Es como flotar en el agua de una piscina, pero todavía mejor.

Matt nos tomó una foto haciendo nuestra labor. Podíamos trabajar cerca del techo de la nave. Hasta podíamos trabajar boca abajo.

Es muy cómodo dormir cuando no se pesa nada. Es todavía mejor que dormir en la hamaca que tenemos en casa.

Cuando no se pesa nada, es muy fácil moverse. Pero si no haces ejercicio, pierdes la fuerza y te vuelves débil. En esta foto estoy corriendo por la nave. Las correas me sujetan mientras corro.

En este viaje, mi labor era muy importante.
Tenía que salir de la nave y desactivar un satélite
descompuesto. Teníamos que llevarlo a la Tierra
para arreglarlo. Yo estaba un poco asustado.
¿Y si no lo lograba? Todos contaban conmigo.

Primero, tuve que vestirme para mi paseo espacial. Me puse un traje que tenía aire para que pudiera respirar. También me protegía del frío del espacio. Llevaba un casco especial con un radio. Por el radio me podía comunicar con los astronautas que estaban dentro de la nave. También llevaba una correa que me mantenía unido a la nave.

Iba por el espacio sobre un brazo robot de 50 pies. Y llevaba una herramienta especial para agarrar el satélite.

¡Pero la herramienta no funcionó!

Cuando regresé a la nave, todos me dijeron que no era culpa mía. Pero aún así, me sentí mal.

Luego se me ocurrió una idea. Tal vez podía usar el brazo robot para agarrar el satélite. Observaba el brazo por una pantalla de televisión. Cuando movía los mandos, el brazo también se movía. Era como jugar a un juego de video.

Conseguí agarrar el satélite. El rescate de emergencia había terminado. ¡Todos gritaron de alegría!

Luego nos divertimos. Jugamos al voleibol.
En vez de jugar con una pelota, jugamos con
cacahuates. ¡Qué lástima! ¡Uno de los cacahuates
se perdió!

Cuando estoy en el espacio, me encanta mirar nuestro mundo. ¡La Tierra es tan hermosa!

En una ocasión, cuando volábamos sobre Florida, pensé en ti y en mamá allá abajo. Era de noche. Vi luces brillantes. Parecían los destellos de mil cámaras. ¡Y se veía que tenían una gran tormenta!

Ésta es la nave que sirve para ir de vuelta a casa. En nuestro viaje de vuelta, cruzamos la atmósfera de la Tierra a toda velocidad, lo cual calentó mucho el exterior de la nave. Parecía que estábamos ardiendo. Pero dentro estábamos fresquitos y a salvo.

¿Te acuerdas del cacahuate que perdimos?
¡Al final lo encontré!

Muy pronto regresamos a la Tierra. Me sentía triste de abandonar el espacio. Pero sabía que tú y mamá me estaban esperando.

¡Tenía muchas ganas de darte un fuerte abrazo!